Snowflakes and Christmas: Magical Bilingual Stories in Norwegian and English

Pomme Bilingual

Published by Pomme Bilingual, 2024.

SNOWFLAKES AND CHRISTMAS: MAGICAL BILINGUAL STORIES IN NORWEGIAN AND ENGLISH

First edition. November 27, 2024.

Copyright © 2024 Pomme Bilingual.

ISBN: 979-8230738466

Written by Pomme Bilingual.

Table of Contents

Nissens Hemmelige Verksted 1

The Elf's Secret Workshop 5

Den Snille Pepperkakemannen 9

The Good Gingerbread Man 13

Det Magiske Juletreet 17

The Magic Christmas Tree 21

Julenissens Uheldige Dag 25

Santa's Unfortunate Day 29

Stjernen Over Lofoten 33

The Star Over Lofoten 37

Den Lille Nisseluen 41

The Little Elf Hat 45

Den Store Julegrøtkonkurransen 49

The Great Christmas Porridge Contest 53

Snøfnugg og Jul 57

Snowflakes and Christmas 61

Nissens Hemmelige Verksted

———

Lars var en nysgjerrig gutt på ti år som bodde i en gammel leilighet midt i Oslo. Det var adventstid, og byen var pyntet med blinkende lys og julepynt, men Lars hadde en følelse av at noe magisk ventet på ham i år. Hver jul besøkte han sin mormor, som bodde i et koselig hus ved skogkanten, ikke langt fra Dovrefjell. Hun var kjent for sine spennende historier om nisser og Julenissen, historier som Lars elsket å høre på.

Denne julen skulle vise seg å bli annerledes.

En dag, mens mormor var opptatt med å bake pepperkaker, bestemte Lars seg for å utforske loftet hennes. Han hadde alltid vært nysgjerrig på de gamle koffertene og kistene som sto der oppe, men mormor hadde alltid sagt at det var for støvete og kaldt. Denne gangen tok han med seg en lommelykt og listet seg opp den knirkete trappen.

Loftet var akkurat så magisk som han hadde forestilt seg, med støvpartikler som danset i lyset fra lommelykten. Han åpnet en gammel kiste og fant en rød nisselue, en bok med gulnede sider, og en liten, gullbelagt nøkkel. Men det var ikke alt – bak en stor bokhylle oppdaget han noe enda mer spennende.

Et lite, rundt speil hang på veggen, men da Lars så inn i det, så han ikke sitt eget speilbilde. I stedet skimtet han et glimt av et snødekt fjellandskap med små røde hus og skinnende stjerner. Lars rørte ved speilet, og plutselig ble han sugd inn i det!

Da Lars åpnet øynene, sto han midt i et travelt juleverksted. Små nisser med røde luer og grønne klær løp rundt med gaver, pakket inn i glitrende papir. "Hvor er jeg?" spurte Lars høyt.

En eldre nisse med et langt hvitt skjegg nærmet seg. "Velkommen til Julenissens verksted!" sa han med en dyp, vennlig stemme. "Jeg er Nissefar, og du må være Lars. Vi har ventet på deg."

Lars var forbløffet. "Ventet på meg? Hvorfor det?"

Nissefar forklarte at en av Julenissens viktigste reinsdyr, Stjernehorn, hadde forsvunnet, og at bare en menneskegutt med et stort hjerte og skarp nysgjerrighet kunne hjelpe til med å finne den. Lars følte seg både nervøs og stolt.

Sammen med en liten, modig nissejente ved navn Tiril la Lars ut på leting. De fulgte sporene som ledet dem dypere inn i Dovrefjell. Underveis møtte de en lur fjellrev, som prøvde å stjele sekken deres, og en flokk med snakkende fugler som viste dem riktig vei.

Til slutt fant de Stjernehorn i en skjult dal. Reinsdyret hadde satt fast hornet sitt i en stor busk med iskrystaller. Lars brukte nøkkelen han hadde funnet på loftet til å låse opp en magisk lenke som holdt busken fast, og Stjernehorn var fri igjen.

Da Lars kom tilbake til verkstedet med Stjernehorn, ventet Julenissen selv på ham. "Lars," sa han med et smil, "du har vist oss at mot og vennlighet kan løse selv de vanskeligste problemer. Som takk vil jeg gi deg en spesiell julegave."

Julenissen ga Lars en liten, glitrende kule som alltid ville vise ham veien hjem – uansett hvor han var i verden.

Lars takket høflig og fikk følge tilbake til speilet, som tok ham tilbake til mormors loft. Han kunne nesten ikke vente med å fortelle henne hva som hadde skjedd, men han visste også at ingen ville tro ham.

Men hver gang han så på den glitrende kulen på nattbordet sitt, visste Lars at det magiske eventyret virkelig hadde skjedd – og at han hadde reddet julen.

The Elf's Secret Workshop

Lars was a curious ten-year-old boy who lived in an old apartment in the heart of Oslo. It was the Advent season, and the city was decorated with twinkling lights and Christmas ornaments, but Lars had a feeling that something magical was waiting for him this year. Every Christmas, he visited his grandmother, who lived in a cozy house by the edge of the forest, not far from Dovrefjell. She was famous for her exciting stories about elves and Santa Claus, stories that Lars loved to listen to.

This Christmas was going to be different.

One day, while his grandmother was busy baking gingerbread cookies, Lars decided to explore her attic. He had always been curious about the old suitcases and chests up there, but his grandmother had always said it was too dusty and cold. This time, he brought a flashlight and quietly crept up the creaky stairs.

The attic was just as magical as he had imagined, with dust particles dancing in the light from the flashlight. He opened an old chest and found a red elf hat, a book with yellowed pages, and a small, gold-plated key. But that wasn't all – behind a large bookshelf, he discovered something even more exciting.

A small, round mirror hung on the wall, but when Lars looked into it, he didn't see his own reflection. Instead, he glimpsed a snowy mountain landscape with tiny red houses and sparkling stars. Lars touched the mirror, and suddenly he was sucked into it!

When Lars opened his eyes, he was standing in the middle of a busy Christmas workshop. Little elves with red hats and green clothes were running around with gifts, wrapped in glittering paper. "Where am I?" Lars asked aloud.

An older elf with a long white beard approached him. "Welcome to Santa Claus's workshop!" he said in a deep, friendly voice. "I am Nissefar, and you must be Lars. We've been waiting for you."

Lars was amazed. "Waiting for me? Why?"

Nissefar explained that one of Santa's most important reindeer, Stjernehorn, had disappeared, and only a human boy with a big heart and sharp curiosity could help find it. Lars felt both nervous and proud.

Together with a small, brave elf girl named Tiril, Lars set off on the search. They followed the tracks that led them deeper into Dovrefjell. Along the way, they encountered a sly fox who tried to steal their backpack and a flock of talking birds who showed them the right path.

Eventually, they found Stjernehorn in a hidden valley. The reindeer had gotten its antler stuck in a large bush with ice crystals. Lars used the key he had found in the attic to unlock a magical chain that held the bush in place, and Stjernehorn was free once again.

When Lars returned to the workshop with Stjernehorn, Santa Claus himself was waiting for him. "Lars," he said with a smile, "you've shown us that courage and kindness can solve even the toughest problems. As a thank you, I want to give you a special Christmas gift."

Santa Claus handed Lars a small, glittering globe that would always show him the way home – no matter where he was in the world.

Lars thanked him politely and was guided back to the mirror, which took him back to his grandmother's attic. He could hardly wait to tell her what had happened, but he also knew that no one would believe him.

But every time he looked at the glittering globe on his nightstand, Lars knew that the magical adventure had truly happened – and that he had saved Christmas.

Den Snille Pepperkakemannen

Maria og lillebroren Oskar bodde i en koselig liten stue i den historiske gruvebyen Røros. Det var desember, og snøen lå som et hvitt teppe over husene og gatene. I det lille kjøkkenet deres var det full aktivitet. Maria, som var tolv år, og Oskar, som var åtte, bakte pepperkaker sammen med moren. Det duftet av kanel, nellik og ingefær.

"Kan vi lage en stor pepperkakemann, Maria?" spurte Oskar, øynene hans glitret av spenning.

"Klart vi kan!" svarte Maria. "Men vi må gjøre ham ekstra spesiell."

De fant den største formen de hadde, og Maria pyntet pepperkakemannen med glasur og små fargerike godteribiter. Oskar fant frem noen rosiner til øyne, og sammen skrev de et lite navn på magen hans med glasur: "Kåre".

Etter at Kåre hadde blitt stekt og avkjølt, satte de ham på kjøkkenbordet. Men noe merkelig skjedde. Så snart Maria satte den siste godteribiten på hodet hans, spratt Kåre opp og sto rett opp på bordet.

"Hva i alle dager?" ropte Oskar og hoppet bakover.

"Jeg er fri!" ropte Kåre med en rampete stemme. "Og nå skal jeg gjøre alt jeg vil!"

Før Maria eller Oskar rakk å reagere, hoppet Kåre ned fra bordet og løp ut døra. Han etterlot et spor av mel og sukker over hele gulvet.

Kåre var ikke en vanlig pepperkakemann. Han var slu, rask og hadde en hel liste over rampestreker han ville gjennomføre før jul. Først stjal han pynten fra juletreet i byens torg, så rullet han snøballer nedover bakken som skremte byens katter, og til slutt helte han alt krydderet fra bakerens lager ut på gaten.

Maria og Oskar løp etter ham gjennom landsbyen. "Kåre! Kom tilbake!" ropte Maria.

"Fang meg hvis dere kan!" ropte Kåre og lo høyt.

Alle i landsbyen begynte å klage. "Hvem er det som ødelegger julefeiringen vår?" spurte fru Hansen, som mistet sitt hjemmelagde julebrød til Kåres rampestreker.

Maria og Oskar skjønte at de måtte ta ansvar. De hadde tross alt skapt ham.

"Vi må lure ham," sa Maria til Oskar. "Han er for rask til at vi kan ta ham igjen."

Oskar tenkte seg om. "Hva om vi lager noe han ikke kan motstå?"

De gikk tilbake til kjøkkenet og begynte å lage en ny pepperkakemann, enda større og finere enn Kåre. Denne gangen pyntet de den med honning, sjokolade og ekstra mye fargerik glasur. Deretter satte de den midt på torget, i lyset fra det store juletreet.

Som forventet dukket Kåre opp. "Hva er dette?" spurte han og stirret på den nye pepperkakemannen.

"Dette er Magnus," sa Maria. "Han er den største og sterkeste pepperkakemannen i hele Røros."

Kåre fnøs. "Ingen er bedre enn meg! Jeg skal spise ham opp!"

Da han hoppet opp på Magnus, satt han plutselig fast. Maria og Oskar hadde penslet Magnus med sirup, som limte Kåre fast.

Med Kåre endelig fanget, tok Maria og Oskar ham tilbake til kjøkkenet. "Vi skal ikke spise deg," sa Maria bestemt. "Men du må slutte å lage problemer."

Kåre sukket. "Greit, greit. Men kan jeg i det minste bli pyntet på nytt til julaften?"

Maria og Oskar smilte. Sammen ga de Kåre en ny, skinnende glasurdrakt og satte ham i vinduet som dekorasjon.

På julaften sto Kåre stolt i vinduet og vinket til barna som gikk forbi. Landsbyen var fredelig igjen, og alle snakket om hvordan Maria og Oskar hadde reddet julen.

Fra den dagen av ble Kåre kjent som "Den snille pepperkakemannen", og han lærte å bruke rampestreker til å spre glede, ikke kaos.

The Good Gingerbread Man

Maria and her little brother Oskar lived in a cozy little living room in the historic mining town of Røros. It was December, and the snow lay like a white blanket over the houses and streets. In their small kitchen, there was a lot of activity. Maria, who was twelve, and Oskar, who was eight, were baking gingerbread cookies with their mother. The air smelled of cinnamon, cloves, and ginger.

"Can we make a big gingerbread man, Maria?" Oskar asked, his eyes sparkling with excitement.

"Of course we can!" Maria replied. "But we need to make him extra special."

They found the largest cookie cutter they had, and Maria decorated the gingerbread man with icing and small, colorful candy pieces. Oskar found some raisins for eyes, and together they wrote a little name on his belly with icing: "Kåre."

After Kåre had been baked and cooled, they placed him on the kitchen table. But something strange happened. As soon as Maria placed the last candy on his head, Kåre sprang up and stood upright on the table.

"What in the world?" Oskar shouted, jumping back.

"I'm free!" Kåre shouted in a mischievous voice. "And now I'm going to do whatever I want!"

Before Maria or Oskar could react, Kåre jumped down from the table and ran out the door, leaving a trail of flour and sugar all over the floor.

Kåre was no ordinary gingerbread man. He was sneaky, fast, and had a whole list of pranks he wanted to pull before Christmas. First, he stole the decorations from the Christmas tree in the town square, then he rolled snowballs down the hill, scaring the village's cats, and finally, he poured all the baker's spices onto the street.

Maria and Oskar chased after him through the village. "Kåre! Come back!" Maria shouted.

"Catch me if you can!" Kåre called out, laughing loudly.

Everyone in the village began to complain. "Who is ruining our Christmas celebration?" asked Mrs. Hansen, who had lost her homemade Christmas bread to Kåre's pranks.

Maria and Oskar realized they had to take responsibility. After all, they had created him.

"We need to trick him," Maria said to Oskar. "He's too fast for us to catch."

Oskar thought for a moment. "What if we make something he can't resist?"

They went back to the kitchen and started to make a new gingerbread man, even bigger and more beautiful than Kåre. This time, they decorated him with honey, chocolate, and extra colorful icing. Then they placed him in the middle of the town square, under the lights of the big Christmas tree.

As expected, Kåre appeared. "What's this?" he asked, staring at the new gingerbread man.

"This is Magnus," Maria said. "He's the biggest and strongest gingerbread man in all of Røros."

Kåre snorted. "No one is better than me! I'm going to eat him up!"

But as he jumped onto Magnus, he suddenly got stuck. Maria and Oskar had brushed Magnus with syrup, which glued Kåre in place.

With Kåre finally captured, Maria and Oskar took him back to the kitchen. "We're not going to eat you," Maria said firmly. "But you have to stop causing trouble."

Kåre sighed. "Fine, fine. But can I at least be decorated again for Christmas Eve?"

Maria and Oskar smiled. Together, they gave Kåre a new, shiny coat of icing and placed him in the window as decoration.

On Christmas Eve, Kåre proudly stood in the window, waving at the children passing by. The village was peaceful again, and everyone talked about how Maria and Oskar had saved Christmas.

From that day on, Kåre was known as "The Good Gingerbread Man", and he learned to use his pranks to spread joy, not chaos.

Det Magiske Juletreet

Det var desember i Bergen, og regnet falt som små krystaller som reflekterte lysene fra byen. I en liten, falleferdig hytte ved foten av Fløyen bodde Emil, en fattig gutt på ti år, sammen med sin mor. De hadde ikke mye, men Emil hadde alltid et varmt smil til overs for dem rundt seg.

Julen nærmet seg, men Emil visste at det ikke kom til å bli noen gaver eller festmåltider i år. Moren hans jobbet lange dager på fisketorget, men det var knapt nok til å betale husleien. Hver kveld kikket Emil ut av vinduet mot skogen og drømte om at noe magisk skulle skje.

En morgen bestemte Emil seg for å gå en tur i skogen for å finne noen grener til å pynte hjemmet sitt. Det var en rolig stillhet blant trærne, men plutselig la Emil merke til noe uvanlig. Lenger inn i skogen sto et juletre som glødet i et mykt, gyllent lys. Det så ut som om treet pustet, som om det levde.

Nysgjerrig gikk Emil nærmere. Da han rørte ved stammen, hørte han en varm stemme inni hodet sitt:

"Velkommen, Emil. Jeg er Det Magiske Juletreet. Hver dag fram til jul kan du få ett ønske oppfylt. Men bruk dem med omtanke, for det siste ønsket vil definere hvem du er."

Emil stirret forbløffet på treet. Kunne dette være virkelig? Han visste ikke hva han skulle ønske seg først, men tanken på morens slit fylte ham med bestemthet.

Den første dagen ønsket Emil at moren skulle få en hviledag fra alt arbeidet. Da han kom hjem, lå moren i sofaen med et fornøyd smil. "Sjefen min ga meg fri i dag," sa hun. "Det er som et lite mirakel."

Den andre dagen ønsket Emil at naboens syke katt skulle bli frisk, og neste dag var katten allerede tilbake til sin vanlige lekne selv. Hver dag tenkte Emil på noen som trengte hjelp, og hvert ønske gjorde byen litt bedre.

Ryktene om miraklene spredte seg. Fiskerne på torget fikk større fangster, barn som var syke ble friske, og selv været i Bergen ble litt klarere enn vanlig. Alle var nysgjerrige på hvem som sto bak denne bølgen av godhet, men Emil holdt hemmeligheten for seg selv.

Snart nærmet det seg julaften, og Emil hadde bare ett ønske igjen. Han visste at dette ønsket måtte være noe spesielt, noe som virkelig betydde noe.

På julaften gikk Emil tilbake til treet. Han visste at han kunne ønske seg hva som helst. Han kunne ønske seg en ny, fin bolig for seg og moren, eller kanskje nok penger til å aldri bekymre seg igjen. Men da han tenkte på alle i byen, visste han at han måtte velge med hjertet.

"Jeg ønsker," begynte Emil, "at alle i Bergen skal føle seg trygge, glade og elsket, ikke bare denne julen, men hver dag."

Treet glødet sterkere enn noen gang. "Du har valgt klokt, Emil," sa stemmen. "Ved å gi dette ønsket, har du gitt noe som varer evig."

Den dagen våknet hele byen med en følelse av fred og glede som de aldri hadde kjent før. Ingen visste hvorfor, men det var som om alle problemene deres var blitt lettere å bære. Emil og moren deres fikk også en overraskelse – byens innbyggere kom sammen og pyntet hytta deres med lys, mat og gaver.

Emil smilte og følte en varme i hjertet sitt. Han visste at han hadde gjort det riktige. Det magiske treet forsvant, men lyset og gleden det hadde gitt, ble værende i hjertene til alle i byen.

Og slik ble det en jul ingen i Bergen noensinne glemte.

The Magic Christmas Tree

I t was December in Bergen, and the rain fell like tiny crystals, reflecting the lights of the city. In a small, dilapidated cabin at the foot of Fløyen, lived Emil, a poor ten-year-old boy, with his mother. They didn't have much, but Emil always had a warm smile for those around him.

Christmas was approaching, but Emil knew there would be no presents or festive meals this year. His mother worked long days at the fish market, but it was barely enough to pay the rent. Every evening, Emil looked out of the window toward the forest and dreamed that something magical might happen.

One morning, Emil decided to take a walk in the forest to find some branches to decorate their home. There was a quiet stillness among the trees, but suddenly, Emil noticed something unusual. Deeper into the forest stood a Christmas tree glowing with a soft, golden light. It seemed as if the tree was breathing, as if it were alive.

Curious, Emil approached it. As he touched the trunk, he heard a warm voice in his head:

"Welcome, Emil. I am the Magic Christmas Tree. Every day until Christmas, you may have one wish granted. But use them wisely, for the last wish will define who you are."

Emil stared in amazement at the tree. Could this be real? He didn't know what to wish for first, but the thought of his mother's hard work filled him with determination.

On the first day, Emil wished for his mother to have a day off from all her work. When he returned home, his mother was lying on the couch with a satisfied smile. "My boss gave me the day off," she said. "It's like a little miracle."

On the second day, Emil wished for the neighbor's sick cat to get well, and the next day, the cat was back to its usual playful self. Every day, Emil thought of someone who needed help, and each wish made the town a little better.

The rumors of the miracles spread. The fishermen at the market had bigger catches, sick children got better, and even the weather in Bergen seemed clearer than usual. Everyone was curious about who was behind this wave of kindness, but Emil kept the secret to himself.

Soon, Christmas Eve was approaching, and Emil had only one wish left. He knew that this wish had to be something special, something that truly mattered.

On Christmas Eve, Emil returned to the tree. He knew he could wish for anything. He could wish for a new, beautiful home for himself and his mother, or perhaps enough money to never worry again. But as he thought about everyone in the town, he knew he had to choose with his heart.

"I wish," Emil began, "that everyone in Bergen will feel safe, happy, and loved, not just this Christmas, but every day."

The tree glowed brighter than ever. "You have chosen wisely, Emil," said the voice. "By making this wish, you have given something that will last forever."

That day, the entire town woke up with a sense of peace and joy they had never felt before. No one knew why, but it was as if all their problems had become easier to bear. Emil and his mother also received a surprise—the people of the town came together and decorated their cabin with lights, food, and gifts.

Emil smiled and felt a warmth in his heart. He knew he had done the right thing. The magic tree disappeared, but the light and joy it had brought remained in the hearts of everyone in the town.

And so, it became a Christmas that no one in Bergen would ever forget.

Julenissens Uheldige Dag

Det var lille julaften i Tromsø, og Ingrid, en ti år gammel jente med lyst hår som alltid sto til alle kanter, stirret ut av vinduet i huset sitt. Snøen dalte tett, og vinden ulte som en ulv. "Dette er den verste snøstormen jeg har sett," sa moren hennes mens hun pakket inn de siste julegavene.

Men Ingrid syntes stormen var spennende. Hun elsket eventyr, og hun hadde en følelse av at noe spesielt kom til å skje denne kvelden.

Midt på natten våknet Ingrid av et høyt brak utenfor huset. Hun hoppet ut av sengen, trakk på seg vinterklær og løp ut i stormen. Til sin store overraskelse oppdaget hun en ødelagt slede halvveis begravd i snøen. Rundt den sto fire forvirrede reinsdyr, og ved siden av sleden lå en eldre mann med en stor, rød frakk og et hvitt skjegg.

"Julenissen?" spurte Ingrid med store øyne.

Mannen reiste seg opp, børstet snø av frakken og sukket tungt. "Ja, det er meg," sa han. "Men dette er en katastrofe! Sleden er ødelagt, gavene er spredt over hele fjellet, og stormen har skremt bort halvparten av reinsdyrene mine."

Ingrid så på ham med et glimt av besluttsomhet. "Ikke bekymre deg, Julenissen. Jeg skal hjelpe deg!"

Julenissen klødde seg i skjegget. "Vi må finne gavene og få dem levert før morgenen gryr, ellers blir det ingen jul for barna i nord."

Ingrid smilte. "Jeg kjenner denne skogen godt. Og vi kan få hjelp fra noen venner."

De startet jakten på de savnede gavene, men de trengte mer hjelp enn bare reinsdyrene. Ingrid plystret høyt, og snart kom en gruppe polarrever løpende ut fra skogen.

"De kan hjelpe oss å finne gavene," forklarte Ingrid. "De er lynraske og har god luktesans."

Julenissen nikket imponert. "God idé! Men hva med sleden? Den kan ikke fly i denne tilstanden."

"Vi trenger noe sterkere enn reinsdyr," sa Ingrid med et smil. "Hva med en isbjørn?"

Ingrid ledet Julenissen til en liten hule i nærheten. Der bodde en vennlig isbjørn som het Bjørnulf. "Bjørnulf, vi trenger din hjelp!" sa Ingrid.

Bjørnulf brummet mykt og nikket, klar for oppgaven. Med polarrevene som speidere og Bjørnulf som trekkraft, begynte de å samle inn gavene én etter én. De brukte en gammel fiskebåt fra naustet som ny slede, og Julenissen satte i gang med å pakke gavene på nytt.

Stormen var fortsatt kraftig, men Ingrid, Julenissen, og deres nye arktiske venner jobbet raskt. Med Bjørnulf som trakk sleden gjennom snøen, nådde de hus etter hus. Polarrevene hjalp til med å bære små gaver opp til dørtrinnene, og Julenissen gledet seg over barnas glede da de våknet til de perfekte presangene.

Da solen sto opp over Tromsø, var alle gavene levert. Julenissen og Ingrid sto på en høyde og så utover byen. "Du har reddet julen, Ingrid," sa Julenissen og smilte.

"Jeg kunne ikke gjort det uten Bjørnulf og revene," svarte Ingrid.

Julenissen lo. "Du har en ekte juleånd, Ingrid. Jeg skal aldri glemme dette."

Med et magisk vift av hånden reparerte Julenissen sleden sin og samlet reinsdyrene. Før han fløy av gårde, ga han Ingrid en liten gave – en sølvbjelle som alltid ville minne henne om deres eventyr.

Og slik fikk Ingrid den mest uforglemmelige julen i sitt liv, mens Tromsø våknet til en morgen full av glede og magi.

Santa's Unfortunate Day

It was Christmas Eve in Tromsø, and Ingrid, a ten-year-old girl with blonde hair that always stuck out in every direction, stared out of the window of her house. The snow was falling heavily, and the wind howled like a wolf. "This is the worst snowstorm I've ever seen," her mother said as she wrapped the last of the Christmas presents.

But Ingrid thought the storm was exciting. She loved adventures and had a feeling that something special was going to happen that night.

In the middle of the night, Ingrid woke up to a loud crash outside her house. She jumped out of bed, put on her winter clothes, and ran out into the storm. To her great surprise, she discovered a broken sleigh half-buried in the snow. Around it stood four confused reindeer, and next to the sleigh lay an older man in a large red coat with a white beard.

"Santa Claus?" Ingrid asked with wide eyes.

The man stood up, brushed the snow off his coat, and sighed heavily. "Yes, it's me," he said. "But this is a disaster! The sleigh is broken, the presents are scattered all over the mountain, and the storm has scared off half of my reindeer."

Ingrid looked at him with a glimmer of determination. "Don't worry, Santa. I'll help you!"

Santa scratched his beard. "We need to find the presents and get them delivered before morning, or there won't be any Christmas for the children in the north."

Ingrid smiled. "I know this forest well. And we can get help from some friends."

They set off on the search for the missing presents, but they needed more help than just the reindeer. Ingrid whistled loudly, and soon a group of Arctic foxes came running out from the forest.

"They can help us find the presents," Ingrid explained. "They are lightning fast and have an excellent sense of smell."

Santa nodded in approval. "Good idea! But what about the sleigh? It can't fly in this condition."

"We need something stronger than reindeer," said Ingrid with a smile. "How about a polar bear?"

Ingrid led Santa to a small cave nearby. There lived a friendly polar bear named Bjørnulf. "Bjørnulf, we need your help!" Ingrid called out.

Bjørnulf grumbled softly and nodded, ready for the task. With the Arctic foxes as scouts and Bjørnulf as the pulling power, they began collecting the presents one by one. They used an old fishing boat from the boathouse as a new sleigh, and Santa started repacking the gifts.

The storm was still strong, but Ingrid, Santa, and their new Arctic friends worked quickly. With Bjørnulf pulling the sleigh through the snow, they reached house after house. The Arctic foxes helped carry small presents to the doorsteps, and Santa delighted in the children's joy as they woke up to the perfect gifts.

By the time the sun rose over Tromsø, all the presents had been delivered. Santa and Ingrid stood on a hill and looked out over the town. "You saved Christmas, Ingrid," Santa said, smiling.

"I couldn't have done it without Bjørnulf and the foxes," Ingrid replied.

Santa laughed. "You truly have the Christmas spirit, Ingrid. I'll never forget this."

With a magical wave of his hand, Santa repaired his sleigh and gathered the reindeer. Before flying off, he gave Ingrid a small gift – a silver bell that would always remind her of their adventure.

And so, Ingrid had the most unforgettable Christmas of her life, while Tromsø woke up to a morning full of joy and magic.

Stjernen Over Lofoten

Astrid satt på trappen utenfor huset sitt, godt innpakket i en tykk ullgenser og med en kopp varm kakao i hånden. Vinteren i Lofoten var kald, men også magisk. Fjellene, fjordene og de snødekte landskapene føltes som noe ut av et eventyr.

Astrid var en stille og sjenert jente. Hun likte best å lese bøker og tegne bilder av stjernene på himmelen. Hun snakket ikke mye med de andre barna på skolen, og hun trivdes best alene. Men denne kvelden følte hun seg rastløs, som om noe viktig var i ferd med å skje.

Astrid løftet blikket mot himmelen og la merke til en stjerne som var større og lysere enn de andre. Den blinket i ulike farger – blått, grønt, og gull – som om den danset med nordlyset. Det var noe spesielt med denne stjernen, noe som fikk hjertet hennes til å slå litt raskere.

Da hun stirret på den, virket det som om stjernen beveget seg, som om den inviterte henne til å følge etter. "Det er galskap," mumlet Astrid til seg selv, men likevel reiste hun seg, tok på seg støvlene og et skjerf, og begynte å gå.

Stjernen førte henne gjennom skogen, oppover snødekte stier og ned mot fjorden. Veien var lang og stille, men Astrid følte ikke frykt. Snarere følte hun seg modigere enn noensinne. Hun visste ikke hvorfor, men hun stolte på at stjernen ville føre henne til noe viktig.

Da hun kom til toppen av en bakketopp, stoppet hun. Foran henne lå en fjord som glitret som sølv. Men det var ikke alt – himmelen over fjorden var fylt med dansende nordlys som lyste opp natten i alle regnbuens farger. Det var det vakreste Astrid noen gang hadde sett.

Astrid gikk nærmere fjorden og så at stjernen hadde stoppet midt på himmelen, rett over vannet. Der, på kanten av fjorden, sto en gammel kvinne med langt, sølvhvitt hår og en kappe som glitret som iskrystaller.

"Velkommen, Astrid," sa kvinnen med en mild stemme.

Astrid ble overrasket. "Hvordan vet du hvem jeg er?" spurte hun forsiktig.

"Jeg har ventet på deg," sa kvinnen. "Du er her for å lære noe viktig – om julen, om verden, og om deg selv."

Kvinnen førte Astrid til kanten av fjorden og ba henne se på speilbildet sitt i vannet. Der så Astrid ikke bare seg selv, men også minnene fra livet sitt – alle gangene hun hadde vært redd for å snakke opp, alle gangene hun hadde følt seg alene.

"Du er sterkere enn du tror, Astrid," sa kvinnen. "Julen handler ikke bare om gaver og lys, men om å finne motet til å være den du er og dele det med andre."

Astrid følte en varme vokse i hjertet sitt. Hun innså at hun hadde gjemt seg bort for lenge, men at det aldri var for sent å åpne seg.

Da Astrid snudde seg, var kvinnen borte, men stjernen blinket varmt over henne. Hun visste nå at hun måtte vende tilbake til landsbyen sin, men denne gangen ville hun være annerledes.

På veien hjem følte hun seg lettere, nesten som om stjernen fylte henne med styrke. Da hun kom tilbake til huset sitt, var himmelen fortsatt lysende av nordlys, og Astrid smilte for seg selv.

Neste morgen var det julaften. Astrid bestemte seg for å gå til den store julefesten i landsbyen, noe hun vanligvis unngikk. Til alles overraskelse begynte hun å snakke med de andre barna, fortelle historier om stjernen og fjorden, og dele av seg selv på en måte hun aldri hadde gjort før.

"Det er noe annerledes med Astrid," hvisket folk til hverandre.

Og Astrid visste at de hadde rett. Hun hadde funnet noe magisk under stjernen over Lofoten – motet til å være seg selv.

The Star Over Lofoten

Astrid sat on the steps outside her house, wrapped warmly in a thick wool sweater, with a cup of hot cocoa in her hand. Winter in Lofoten was cold, but also magical. The mountains, fjords, and snow-covered landscapes felt like something out of a fairy tale.

Astrid was a quiet and shy girl. She preferred reading books and drawing pictures of the stars in the sky. She didn't talk much with the other children at school, and she was happiest when alone. But this evening, she felt restless, as though something important was about to happen.

Astrid lifted her gaze to the sky and noticed a star that was bigger and brighter than the others. It blinked in various colors—blue, green, and gold—as if it were dancing with the northern lights. There was something special about this star, something that made her heart beat a little faster.

As she stared at it, it seemed as though the star was moving, as if it were inviting her to follow. "This is crazy," Astrid muttered to herself, but still, she stood up, put on her boots and scarf, and began to walk.

The star led her through the forest, up snow-covered paths, and down toward the fjord. The journey was long and quiet, but Astrid didn't feel scared. In fact, she felt braver than ever before.

She didn't know why, but she trusted that the star was leading her to something important.

When she reached the top of a hill, she stopped. In front of her lay a fjord that sparkled like silver. But that wasn't all—the sky above the fjord was filled with dancing northern lights that lit up the night in all the colors of the rainbow. It was the most beautiful thing Astrid had ever seen.

Astrid walked closer to the fjord and saw that the star had stopped directly above the water. There, at the edge of the fjord, stood an old woman with long, silver-white hair and a cloak that shimmered like ice crystals.

"Welcome, Astrid," said the woman in a gentle voice.

Astrid was surprised. "How do you know who I am?" she asked cautiously.

"I've been waiting for you," said the woman. "You're here to learn something important—about Christmas, about the world, and about yourself."

The woman led Astrid to the edge of the fjord and asked her to look at her reflection in the water. There, Astrid saw not just herself, but also the memories of her life—every time she had been too afraid to speak up, every time she had felt alone.

"You are stronger than you think, Astrid," the woman said. "Christmas is not just about gifts and lights, but about finding the courage to be who you are and sharing that with others."

Astrid felt a warmth growing in her heart. She realized that she had hidden herself away for too long, but it was never too late to open up.

When Astrid turned around, the woman was gone, but the star was still shining brightly above her. She knew now that she needed to return to her village, but this time, she would be different.

On her way home, she felt lighter, almost as if the star had filled her with strength. When she arrived back at her house, the sky was still glowing with the northern lights, and Astrid smiled to herself.

The next morning was Christmas Eve. Astrid decided to attend the big Christmas party in the village, something she usually avoided. To everyone's surprise, she began talking to the other children, telling stories about the star and the fjord, and sharing herself in a way she had never done before.

"There's something different about Astrid," people whispered to each other.

And Astrid knew they were right. She had found something magical under the star over Lofoten—the courage to be herself.

Den Lille Nisseluen

I Lillehammer bodde en gutt som het Anders. Han var ti år gammel, hadde krøllete hår som aldri ville ligge flatt, og elsket å tilbringe tid i den gamle låven på familiens gård. Låven var full av gamle ting som luktet støv og historie, og Anders likte å leke at han var en oppdagelsesreisende som lette etter skjulte skatter.

Men denne dagen fant han noe som var virkelig spesielt.

Anders rotet rundt i en gammel kiste da han kom over en liten, rød lue med en dusk på toppen. Den så ut som noe en julenisse eller en gårdsnisse ville brukt. "Så rar," mumlet han for seg selv og trakk luen over hodet. Den passet perfekt.

Akkurat da hørte han en stemme.

"Endelig noen som fant meg! Jeg har ventet i over hundre år!"

Anders hoppet til og så seg rundt. Stemmen kom fra geita, Solveig, som sto og tygget høy i hjørnet.

"Vent litt ... du kan snakke?" spurte Anders med store øyne.

"Nei, det er du som kan høre meg nå, takket være nisseluen," svarte Solveig med et lurt smil.

Solveig forklarte at nisseluen var magisk og ga den som bar den evnen til å forstå dyr. "Og akkurat nå trenger vi din hjelp," sa hun bestemt.

"Min hjelp? Til hva da?" spurte Anders.

"Julen er i fare! Nissen som pleide å passe på låven din har forsvunnet, og uten hans magi blir det ingen juleglede i landsbyen i år."

Anders nølte. Det hørtes utrolig ut, men noe med Solveigs alvorlige stemme overbeviste ham. "Hva kan jeg gjøre?"

Solveig smilte bredt. "Følg meg."

Solveig samlet dyrene i låven – høner, kyr, og en lat katt som het Magnus. De fortalte Anders at den gamle nissen hadde forlatt låven fordi folk hadde sluttet å sette ut grøt til ham. Uten grøten følte han seg glemt og hadde reist til fjells.

"Vi må finne ham og få ham tilbake før julaften," sa Solveig.

Anders og Solveig la ut på reisen. Luen holdt ham varm mens de klatret oppover fjellet i snøen. Underveis møtte de en flokk med syngende fugler som viste dem riktig vei, en rev som prøvde å lure dem, og en elg som ga dem varme epler å spise.

Til slutt fant de nissen i en liten hule. Han var liten, gammel, og så ganske sur ut.

"Hva vil dere?" knurret nissen.

"Vi vil at du skal komme tilbake til låven," sa Anders.

"Og hvorfor skulle jeg det? Ingen bryr seg om meg lenger," svarte nissen bittert.

Anders satte seg ned og tenkte. Han tok av seg nisseluen og la den foran nissen. "Vi bryr oss. Jeg fant luen din og hørte dyrene fortelle om hvor viktig du er. De savner deg."

Nissen så på ham med et skarpt blikk. Så smilte han, om enn bare litt. "Vel, kanskje jeg kan gi det en sjanse."

Nissen, Anders, og Solveig dro tilbake til låven, hvor dyrene jublet av glede. Nissen satte straks i gang med å spre magi over hele gården. Snart var låven fylt med varme lys, duften av pepperkaker, og en glede som spredte seg gjennom landsbyen.

På julaften våknet Anders til lyden av bjeller og latter. Ute på låven sto nissen og vinket til ham før han forsvant i snøen, med løfte om å passe på låven så lenge Anders husket å sette ut grøt.

Anders smilte og løftet hånden for å vinke tilbake. Den lille nisseluen lå fortsatt på hodet hans, en påminnelse om magien i å tro.

The Little Elf Hat

I n Lillehammer, there lived a boy named Anders. He was ten years old, with curly hair that never lay flat, and he loved spending time in the old barn on his family's farm. The barn was full of old things that smelled of dust and history, and Anders liked to pretend he was an explorer searching for hidden treasures.

But on this day, he found something truly special.

Anders was rummaging through an old chest when he came across a small red hat with a pom-pom on top. It looked like something a Santa Claus or a farm elf might wear. "How strange," he muttered to himself, pulling the hat over his head. It fit perfectly.

Just then, he heard a voice.

"Finally, someone found me! I've been waiting for over a hundred years!"

Anders jumped and looked around. The voice came from the goat, Solveig, who was chewing hay in the corner.

"Wait... you can talk?" Anders asked with wide eyes.

"No, it's you who can hear me now, thanks to the elf hat," Solveig replied with a sly smile.

Solveig explained that the elf hat was magical and gave the person wearing it the ability to understand animals. "And right now, we need your help," she said firmly.

"My help? For what?" Anders asked.

"Christmas is in danger! The elf who used to look after your barn has disappeared, and without his magic, there will be no Christmas joy in the village this year."

Anders hesitated. It sounded unbelievable, but something in Solveig's serious tone convinced him. "What can I do?"

Solveig grinned. "Follow me."

Solveig gathered the animals in the barn – hens, cows, and a lazy cat named Magnus. They told Anders that the old elf had left the barn because people had stopped putting out porridge for him. Without the porridge, he felt forgotten and had gone up into the mountains.

"We need to find him and bring him back before Christmas Eve," said Solveig.

Anders and Solveig set out on their journey. The hat kept him warm as they climbed the snowy mountain. Along the way, they encountered a flock of singing birds who showed them the right path, a fox who tried to trick them, and a moose who gave them warm apples to eat.

Finally, they found the elf in a small cave. He was tiny, old, and looked rather grumpy.

"What do you want?" grumbled the elf.

"We want you to come back to the barn," said Anders.

"And why should I do that? No one cares about me anymore," the elf replied bitterly.

Anders sat down and thought. He took off the elf hat and placed it in front of the elf. "We care. I found your hat and heard the animals talk about how important you are. They miss you."

The elf looked at him with a sharp gaze. Then, he smiled, if only a little. "Well, maybe I'll give it a chance."

The elf, Anders, and Solveig returned to the barn, where the animals cheered in joy. The elf immediately began spreading magic all over the farm. Soon, the barn was filled with warm lights, the smell of gingerbread, and a happiness that spread throughout the village.

On Christmas Eve, Anders woke to the sound of bells and laughter. Outside the barn, the elf stood waving at him before disappearing into the snow, promising to watch over the barn as long as Anders remembered to set out porridge.

Anders smiled and raised his hand to wave back. The little elf hat was still on his head, a reminder of the magic in believing.

Den Store Julegrøtkonkurransen

———

I den lille byen Ålesund var julen noe helt spesielt. Hver desember samlet hele byen seg til den store julegrøtkonkurransen. Det var en tradisjon for å hedre nissene og sikre en magisk og gledelig jul. Folk lagde alle slags risgrøt – fra tradisjonelle oppskrifter til ville kreasjoner med bær, honning, og til og med sjokolade.

Men ingen hadde noen gang sett noe så sprøtt som det Siv skulle lage dette året.

Siv var kjent som den mest kreative kokken i byen. Hun var bare 12 år gammel, men hadde allerede vunnet flere lokale matkonkurranser. Dette året bestemte hun seg for å lage noe helt nytt – en magisk grøt som kunne "føles levende."

Hun brukte en gammel oppskrift hun fant i bestemors støvete kokebok, med en mystisk ingrediens kalt "Nissens Hemmelige Pulver." Hun hadde ingen anelse om hva det var, men det luktet søtt og glitret som snø i måneskinn.

På konkurransedagen stilte alle opp i sentrum av Ålesund. Bordene var pyntet med røde duker, julelys blinket, og lukten av kanel og sukker fylte luften. Siv satte sin dampende gryte med grøt på bordet og smilte fornøyd.

Da dommerne nærmet seg, begynte grøten plutselig å røre på seg. Før Siv rakk å si noe, hoppet en klump med grøt ut av gryten og sa:

"Jeg er friii! Endelig fri!"

Publikum gispet. Grøten spratt rundt, spredte klissete ris overalt og lo som en liten rampete nisse.

Grøten løp gjennom byen som en villkatt, hoppet opp på juletrær, klatret opp husvegger, og kastet kanel på forbipasserende. Barna lo og prøvde å fange den, mens de voksne skrek og viftet med kjøkkenhåndklær.

"Kom tilbake!" ropte Siv mens hun løp etter grøten.

Men grøten var for rask. Den smatt unna og kastet en sleiv tilbake mot henne. "Du må prøve hardere enn det, kokkejenta!"

Siv stoppet opp for å tenke. Hvordan kunne hun fange en grøt som levde sitt eget liv? Hun husket plutselig hva bestemoren alltid sa: "Nisser og magi kan ikke motstå en god skål grøt."

Hun ropte til de andre barna: "Vi lager en grøtfelle!"

Alle løp til nærmeste kjøkken og samlet opp mer ris, sukker, og smør. De lagde en gigantisk bolle med grøt midt på torget og pyntet den med rikelig med kanel og smørøye.

Grøten stoppet brått da den luktet den deilige retten. "Mmm, det der ser godt ut!"

Grøten hoppet rett opp i bollen, og Siv kastet et stort lokk over den. Publikum jublet! Siv hadde reddet byen fra grøtens kaos.

"Vel," sa dommeren mens han tørket kanel fra ansiktet, "dette var uten tvil den mest underholdende grøten vi noen gang har sett. Siv, du vinner årets konkurranse!"

Siv smilte stolt, og grøten ble sittende i bollen, fornøyd med å spise seg selv.

Fra den dagen av ble det en ny tradisjon i Ålesund å lage grøt som kunne "bevege seg" – men bare litt. Siv ble en lokal helt, og bestemors kokebok fikk en hedersplass i juleutstillingen.

Og hva skjedde med grøten? Vel, den ble byens maskot, og folk satte alltid ut litt ekstra grøt til nissene, bare i tilfelle de også ønsket å våkne til liv.

The Great Christmas Porridge Contest

In the small town of Ålesund, Christmas was something truly special. Every December, the whole town gathered for the Great Christmas Porridge Contest. It was a tradition to honor the elves and ensure a magical and joyful Christmas. People made all kinds of rice porridge – from traditional recipes to wild creations with berries, honey, and even chocolate.

But no one had ever seen anything as crazy as what Siv was going to make that year.

Siv was known as the most creative cook in town. She was only 12 years old but had already won several local cooking contests. This year, she decided to make something completely new – a magical porridge that could "feel alive."

She used an old recipe she found in her grandmother's dusty cookbook, with a mysterious ingredient called "The Elf's Secret Powder." She had no idea what it was, but it smelled sweet and sparkled like snow in the moonlight.

On the day of the contest, everyone gathered in the center of Ålesund. The tables were covered with red tablecloths, Christmas lights twinkled, and the smell of cinnamon and sugar filled the air. Siv placed her steaming pot of porridge on the table and smiled proudly.

As the judges approached, the porridge suddenly began to move. Before Siv could say anything, a lump of porridge jumped out of the pot and shouted:

"I'm freeee! Finally free!"

The audience gasped. The porridge bounced around, spreading sticky rice everywhere and laughing like a mischievous little elf.

The porridge ran through the town like a wildcat, jumping onto Christmas trees, climbing up house walls, and throwing cinnamon at passersby. The children laughed and tried to catch it, while the adults screamed and waved kitchen towels.

"Come back!" shouted Siv as she chased after the porridge.

But the porridge was too fast. It slipped away and tossed a spoonful back at her. "You'll have to try harder than that, little chef!"

Siv stopped to think. How could she catch a porridge that was living its own life? Suddenly, she remembered what her grandmother always said: "Elves and magic can't resist a good bowl of porridge."

She shouted to the other children: "Let's make a porridge trap!"

Everyone ran to the nearest kitchen and gathered more rice, sugar, and butter. They made a giant bowl of porridge in the middle of the square, decorating it generously with cinnamon and a dollop of butter.

The porridge suddenly stopped when it smelled the delicious dish. "Mmm, that looks good!"

The porridge hopped straight into the bowl, and Siv quickly covered it with a big lid. The crowd cheered! Siv had saved the town from the porridge chaos.

"Well," said the judge as he wiped cinnamon from his face, "this was undoubtedly the most entertaining porridge we've ever seen. Siv, you win this year's contest!"

Siv smiled proudly, and the porridge stayed in the bowl, content to eat itself.

From that day on, it became a new tradition in Ålesund to make porridge that could "move" – but just a little. Siv became a local hero, and her grandmother's cookbook was given a place of honor in the Christmas display.

And what happened to the porridge? Well, it became the town's mascot, and people always put out a little extra porridge for the elves, just in case they also wanted to wake up.

Snøfnugg og Jul

I den koselige byen Tava, hvor julelysene glitret som stjerner og snøen dekket gatene som et teppe av hvit magi, bodde lille Anna med familien sin på en juletrærgård. Denne gården hadde vært i familiens eie i generasjoner, men nå sto den i fare for å bli solgt.

Julen var rett rundt hjørnet, og Anna visste at dersom de ikke fikk solgt nok trær, ville de miste gården for alltid. Det var en trist tanke som fylte hjertet hennes med bekymring. Anna visste at juletrærne betydde mye for folk, men det var én ting som hun trodde kunne redde gården: den perfekte snøfnugget.

En kveld da Anna satt ved vinduet og kikket på den vinterlige verden utenfor, fikk hun en idé. Kanskje hvis hun kunne fange det perfekte snøfnugget, kunne det bringe tilbake magien og redde familien hennes. Det var noe med snøens skjønnhet, hennes bestemor hadde alltid sagt, som hadde kraften til å gjøre mirakler.

"Jeg skal fange det beste snøfnugget noensinne!" sa Anna til seg selv med et håp som glødet i øynene.

Neste morgen, før solen hadde stått opp, trakk Anna på seg sine varmeste klær og gikk ut i den kalde vinterluften. Snøen dalte sakte ned fra himmelen og dekket bakken i et tykt, mykt teppe. Anna løp ut til åkrene hvor de hadde juletrærne og begynte å se på hver eneste flake som falt fra himmelen.

Anna løp og hoppet rundt, og prøvde å fange hvert snøfnugg som landet på hånden hennes. Men de smeltet alltid før hun fikk tid til å virkelig se på dem. Det var som om de bare forsvant i det øyeblikket hun prøvde å holde på dem.

Men Anna ga ikke opp. Hun visste at et snøfnugg kunne være mer enn bare iskrystaller. Hver gang hun rakte ut hånden, følte hun en liten gnist av håp.

Plutselig, etter flere timer med forsøk og feil, la Anna merke til noe spesielt. Et snøfnugg landet på hånden hennes, og denne gangen smeltet det ikke. Det var som om det hadde magi i seg, og på en merkelig måte følte hun en varme bre seg i kroppen.

"Det er det," hvisket Anna, og en ro fylte hjertet hennes. Hun visste at dette var det perfekte snøfnugget.

Anna holdt snøfnugget forsiktig i hånden og visste at det hadde en spesiell kraft. Hun begynte å gå tilbake til huset sitt, og på vei dit merket hun at hele verden rundt henne virket å glitre i et magisk lys. Snøen var mer lysende enn før, og juletrærne på gården begynte å se ut som de var dekket med stjerner.

Da hun kom hjem, gikk hun bort til faren og visste at hun måtte fortelle ham hva hun hadde oppdaget. "Pappa, jeg har funnet det perfekte snøfnugget! Jeg tror det har magi som kan redde gården vår."

Pappaen hennes smilte, og for første gang på lenge så han ut som han trodde på det samme mirakelet. "Anna, du har alltid hatt tro på magi. Jeg tror du har rett."

Med håp og tro i hjertet sitt, startet Anna og familien hennes å pynte juletrærne på gården. Det var noe magisk over dem denne julen. Folk fra hele Tava kom for å kjøpe trærne, og snart var gården full av liv og glede.

Den lille gården som hadde vært i ferd med å bli solgt, ble redde. Snøfnugget, som Anna hadde fanget, hadde brakt julens magi tilbake til dem. Det var ikke bare snøen som var magisk – det var troen og håpet som fylte hjertene deres.

Når juleaften kom, satt Anna og familien hennes sammen rundt et tre de hadde pyntet med kjærlighet og glede. Lyset fra stearinlysene speilet seg i snøen utenfor, og for første gang på lenge følte de seg virkelig fredfulle.

Anna visste at det ikke var snøfnugget alene som hadde reddet gården deres, men troen på magi, på håp, og på julens ånd. Det var en påminnelse om at når man holder fast på det man tror på, kan mirakler virkelig skje.

Snowflakes and Christmas

In the cozy town of Tava, where Christmas lights sparkled like stars and snow covered the streets like a blanket of white magic, little Anna lived with her family on a Christmas tree farm. The farm had been in the family for generations, but now it was at risk of being sold.

Christmas was just around the corner, and Anna knew that if they didn't sell enough trees, they would lose the farm forever. It was a sad thought that filled her heart with worry. Anna knew that the Christmas trees meant a lot to people, but there was one thing she believed could save the farm: the perfect snowflake.

One evening, as Anna sat by the window and looked at the wintry world outside, she had an idea. Maybe if she could catch the perfect snowflake, it could bring back the magic and save her family's farm. There was something about the beauty of snow, her grandmother had always said, that had the power to make miracles happen.

"I'm going to catch the best snowflake ever!" Anna said to herself, with a hopeful sparkle in her eyes.

The next morning, before the sun had risen, Anna put on her warmest clothes and went outside into the cold winter air. The snow was gently falling from the sky, covering the ground in a thick, soft blanket. Anna ran out to the fields where they had the

Christmas trees and began to watch every single flake that fell from the sky.

Anna ran and jumped around, trying to catch every snowflake that landed on her hand. But they always melted before she had time to truly look at them. It was as if they just disappeared the moment she tried to hold onto them.

But Anna didn't give up. She knew that a snowflake could be more than just ice crystals. Every time she reached out her hand, she felt a little spark of hope.

Suddenly, after hours of trying and failing, Anna noticed something special. A snowflake landed on her hand, and this time, it didn't melt. It was as if it had magic in it, and in a strange way, she felt warmth spreading through her body.

"This is it," Anna whispered, and a sense of peace filled her heart. She knew that this was the perfect snowflake.

Anna held the snowflake carefully in her hand, knowing it had a special power. She began walking back to her house, and along the way, she noticed that the whole world around her seemed to sparkle in a magical light. The snow was brighter than before, and the Christmas trees on the farm began to look like they were covered in stars.

When she got home, she went to her father and knew she had to tell him what she had discovered. "Dad, I found the perfect snowflake! I think it has magic that can save our farm."

Her father smiled, and for the first time in a long while, he looked like he believed in the same miracle. "Anna, you've always believed in magic. I think you're right."

With hope and faith in their hearts, Anna and her family began decorating the Christmas trees on the farm. There was something magical about them that Christmas. People from all over Tava came to buy the trees, and soon the farm was full of life and joy.

The little farm that had been on the verge of being sold was saved. The snowflake that Anna had caught had brought the magic of Christmas back to them. It wasn't just the snow that was magical – it was the belief and hope that filled their hearts.

When Christmas Eve came, Anna and her family sat together around a tree they had decorated with love and joy. The light from the candles reflected in the snow outside, and for the first time in a long while, they felt truly peaceful.

Anna knew that it wasn't the snowflake alone that had saved their farm, but the belief in magic, in hope, and in the spirit of Christmas. It was a reminder that when you hold on to what you believe in, miracles can truly happen.